By Laura Williams
Wang Ling

飞机

[fēi jī] – airplane

苹果

[píng guǒ] – apple

牛油果

[niú yóu guǒ] – avocado

婴儿

[yīng ér] – baby

球

[qiú] – ball

香蕉

[xiāng jiāo] – banana

豆

[dòu] – beans

熊

[xióng] – bear

床

[chuáng] – bed

蜜蜂

[mì fēng] – bee

自行车

[zìxíngchē] – bike

鸟

[niǎo] – bird

船

[chuán] – boat

书

[shū] – book

瓶子

[píngzi] – bottle

碗

[wǎn] – bowl

面包

[miàn bāo] – bread

蝴蝶

[hú dié] – butterfly

汽车

[qìchē] – car

胡萝卜

[hú luóbo] – carrot

猫

[māo] – cat

椅子

[yǐzi] – chair

芝士

[zhī shì] – cheese

鸡

[jī] – chicken

时钟

[shí zhōng] – clock

云

[yún] – cloud

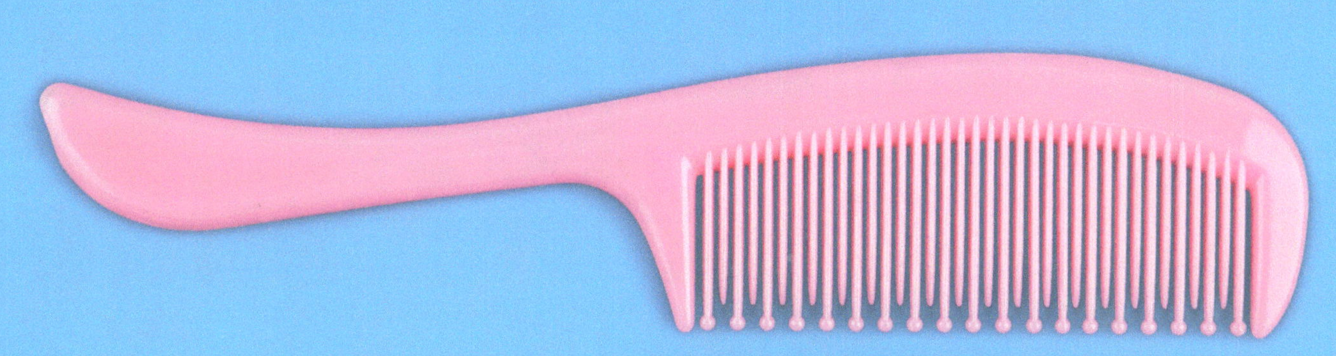

梳子

[shūzi] – comb

玉米

[yù mǐ] – corn

母牛

[mǔ niú] – cow

狗

[gǒu] – dog

门

[mén] – door

鸭

[yā] – duck

鸡蛋

[jī dàn] – egg

大象

[dàxiàng] – elephant

鱼

[yú] – fish

花

[huā] – flower

青蛙

[qīng wā] – frog

长颈鹿

[chángjǐnglù] – giraffe

手

[shǒu] – hand

帽子

[màozi] – hat

马

[mǎ] – horse

房子

[fángzi] – house

果汁

[guǒ zhī] – juice

灯

[dēng] – lamp

叶子

[yèzi] – leaf

狮子

[shīzi] – lion

牛奶

[niú nǎi] – milk

镜子

[jìngzi] – mirror

猴子

[hóuzi] – monkey

山

[shān] – mountain

鸟巢

[niǎo cháo] – nest

油

[yóu] – oil

绘画

[huì huà] – painting

纸

[zhǐ] – paper

鹦鹉

[yīng wǔ] – parrot

珍珠

[zhēn zhū] – pearls

猪

[zhū] – pig

鸽子

[gēzi] – pigeon

菠萝

[bō luó] – pineapple

盘子

[pánzi] – plate

马铃薯

[mǎ líng shǔ] – potato

收音机

[shōu yīn jī] – radio

雨水

[yǔshuǐ] – rain

彩虹

[cǎihóng] – rainbow

大米

[dàmǐ] – rice

马路

[mǎ lù] – road

绳子

[shéngzi] – rope

袋子

[dàizi] – sack

沙拉

[shālā] – salad

盐

[yán] – salt

糖

[táng] – sugar

太阳

[tài yáng] – sun

星星

[xīng xīng] – star

石头

[shítou] – stone

袜子

[wàzi] – socks

勺子

[sháozi] – spoon

蛇

[shé] – snake

肥皂

[féi zào] – soap

鞋子

[xiézi] – shoes

天空

[tiānkōng] – sky

沙子

[shāzi] – sand

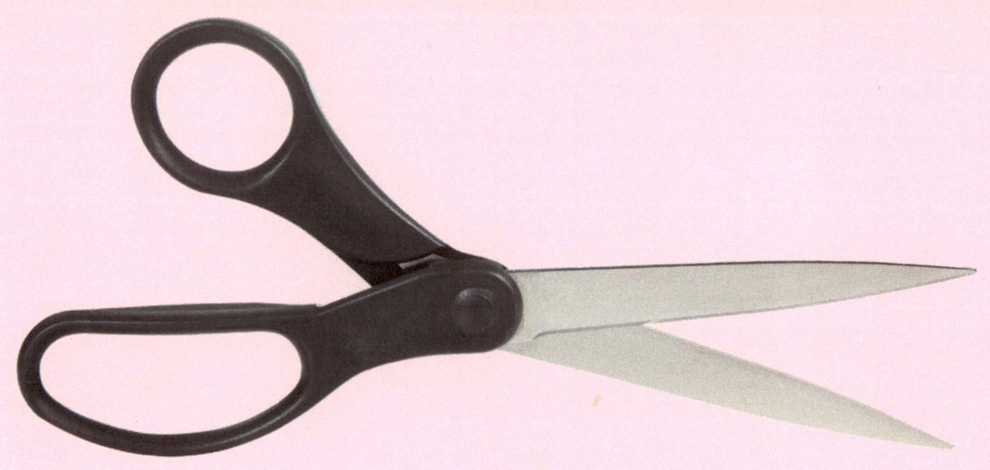

剪刀

[jiǎn dāo] – scissors

桌子

桌子table

水龙头

[shuǐ lóngtóu] – tap

茶叶

[cháyè] – tea

电视机

[diàn shì jī] – television

帐篷

[zhàng péng] – tent

番茄

[fānqié] – tomato

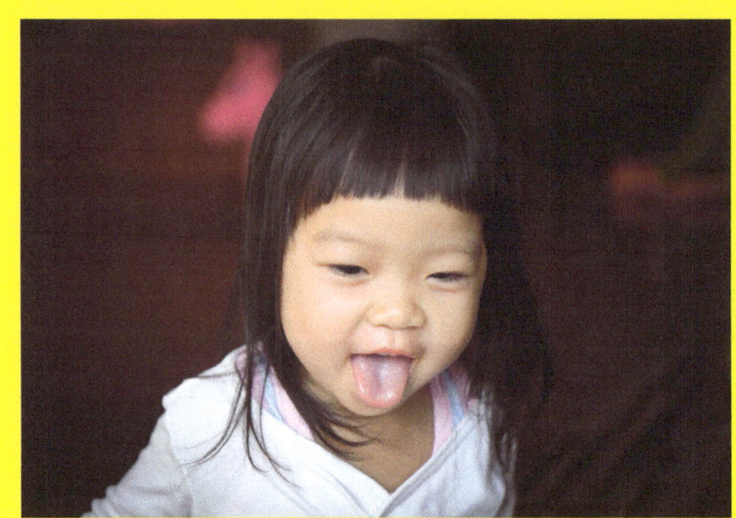

舌头

[shétou] – tongue

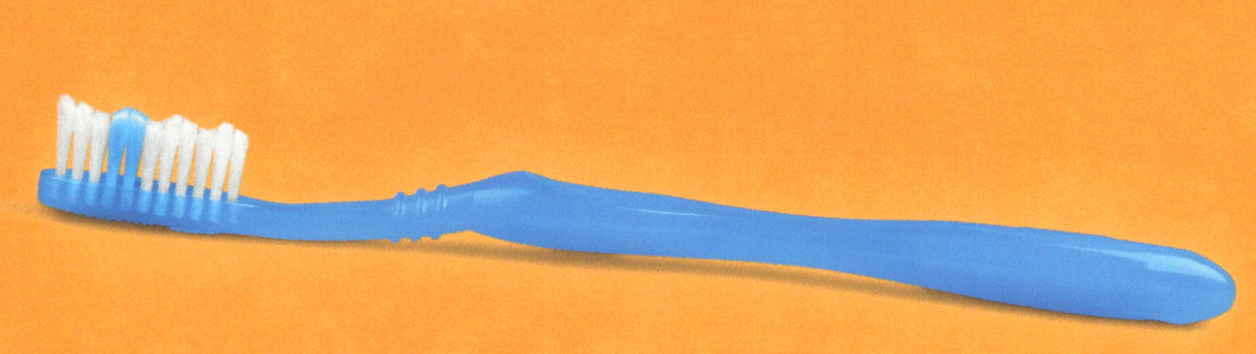

牙刷

[yáshuā] – toothbrush

火车
[huǒchē] – train

树
[shù] – tree

卡车

[kǎchē] – truck

乌龟

[wūguī] – turtle

雨伞

[yǔsǎn] – umbrella

墙

[qiáng] – wall

黄蜂

[huáng fēng] – wasp

水

[shuǐ] – water

木头

[mùtou] – wood

斑马

[bān mǎ] – zebra

In the same collection

www.ingramcontent.com/pod-product-compliance
Lightning Source LLC
LaVergne TN
LVHW071621180726
843512LV00002B/224